Das Schönste von
LUDWIG
RICHTER

Das Schönste von
LUDWIG RICHTER

Ausgewählt von Martin Weltenburger

© 1989 Manfred Pawlak Verlagsgesellschaft, mbH,
Herrsching
Edition Albatros
Alle Rechte vorbehalten
Umschlaggestaltung: Bine Cordes, Weyarn
Printed in Yugoslavia by Mladinska knjiga, Ljubljana
ISBN 3-88199-526-9

Inhalt

Beschauliches und Erbauliches 9

Goethe-Album 29

Schillers Lied von der Glocke 44

Für's Haus 62

Reineke der Fuchs 95

Alte und neue Studentenlieder 107

Illustrierte Jugendzeitung 125

Robinson der Jüngere 139

Das Märchenbuch für Kinder 160

Deutscher Volkskalender auf das Jahr 1850 172

Ludwig Bechsteins Märchenbuch 174

Knecht Ruprecht 239

Alte und neue Volkslieder 248

Adrian Ludwig Richter
Geboren am 28. Sept. 1803
Gestorben am 19. Juni 1884

Aus meinem Leben

Meine Jugend war arm, verkümmert, vielfach bedrückt, und meine Lehrzeit war nur Arbeitszeit gewesen; ich lernte nichts oder wenig dabei. Nun kam ich nach Rom, und von allen Seiten wurde mein durstiger, hilfsbedürftiger Geist angeregt; ich war überglücklich, und ein reiches Leben und Streben begann. Mein Ideal lag auf Seite der historischen Landschaft, welche ich auf meine Weise zu entwickeln dachte. In die Heimat zurückgekehrt, erfaßte mich sehr bald wieder die Not des Lebens. Ich hatte glücklich, aber doch vielleicht zu früh geheiratet, wodurch der Weg erschwert wurde. Der Druck, welcher auf mir lag in den sieben Meißner und den ersten darauf folgenden Dresdner Jahren, war so groß, daß mein Streben, in den Gärten des Parnasses, wo die hohen, edlen Blumen blühen, ein Plätzchen zu erlangen, unerreichbar schien. Da kam der Holzschnitt auf, der alte Dürer winkte, und ich pflegte nun diesen Zweig. Kam meine Kunst nun auch nicht unter die Lilien und Rosen auf den Gipfel des Parnaß, so blühte sie doch auf demselben Pfade an den Wegen und Hängen, an den Hecken und Wiesen, und die Wanderer freuten sich darüber, wenn sie am Wege ausruhten, die Kindlein machten sich Sträuße und Kränze davon, und der einsame Naturfreund erquickte sich an ihrer lichten Farbe und ihrem Duft, welcher wie ein Gebet zum Himmel stieg. So hat es denn Gott gefügt, und mir ist auf vorher nicht gekannten und nicht gesuchten Wegen mehr geworden, als meine kühnsten Wünsche sich geträumt hatten.

Aus den Tagebüchern, 13. November 1824

Beschauliches und Erbauliches

Vaters Geburtstag

Schöne Aussicht

Das Lob des Weibes

Der Schäfer putzte sich zum Tanz,
Mit bunter Jacke, Band und Kranz,
Schmuck war er angezogen.
Schon um die Linde war es voll,
Und alles tanzte schon wie toll.
Juchhe! Juchhe!
Juchheisa! Heisa! He!
So ging der Fidelbogen.

Der Schäfer putzte sich zum Tanz

12

Laß Neider neiden, laß Hasser hassen,
Was Gott mir giebt, das müssen sie mir
lassen

Laß Neider neiden

13

Geh aus mein Herz und suche Freud

Auf dem Dorfkirchhof

15

Großmutter und Enkelin

Feierabend

Daheim

Schlachtfest

Martinslied

Johannisfest

Besuch auf dem Lande

Heimkehr

von Herzen!

Heimliche Liebe

Von Herzen

Meine erste Braut.

L.R   A.G.

Ein getreues Herze wissen

Ständchen

von
R. Reinick

Goethe-Album

Stirbt der Fuchs, so gilt der Balg

Der Rattenfänger

Der Müllerin Verrat

Die wandelnde Glocke

Der getreue Eckart

Der getreue Eckart

Parabolisch

Die Eltern unter dem Torweg

Der Zug der Vertriebenen

Erste Begegnung

Dorfszene

Götz bei Bruder Martin

Georg bei Bruder Martin

Es war einmal

Karl erzählt

Georg im Stall

Götz und Elisabeth in der Stube

Schiller's
Lied von der Glocke
in Bildern
von
Ludwig Richter

Dresden J. H. Richter

Das Lied von der Glocke

Fest gemauert in der Erden
Steht die Form aus Lehm gebrannt.
Heute muß die Glocke werden!
Frisch, Gesellen, seid zur Hand!
   Von der Stirne heiß
   Rinnen muß der Schweiß,
Soll das Werk den Meister loben,
Doch der Segen kommt von oben.

Zum Werke, das wir ernst bereiten,
Geziemt sich wohl ein ernstes Wort;
Wenn gute Reden sie begleiten,
Dann fließt die Arbeit munter fort.
So laßt uns jetzt mit Fleiß betrachten,
Was durch die schwache Kraft entspringt;
Den schlechten Mann muß man verachten,
Der nie bedacht, was er vollbringt.
Das ist's ja, was den Menschen zieret,
Und dazu ward ihm der Verstand,
Daß er im innern Herzen spüret,
Was er erschafft mit seiner Hand.

Denn mit der Freude Feierklange
Begrüßt sie das geliebte Kind
Auf seines Lebens erstem Gange,
Den es in Schlafes Arm beginnt;
Ihm ruhen noch im Zeitenschoße
Die schwarzen und die heitern Lose...

Der Mutterliebe zarte Sorgen
Bewachen seinen goldnen Morgen. —
Die Jahre fliehen pfeilgeschwind...

Und herrlich in der Jugend Prangen,
Wie ein Gebild aus Himmelshöhn,
Mit züchtigen, verschämten Wangen
Sieht er die Junfrau vor sich stehn...

Errötend folgt er ihren Spuren
Und ist von ihrem Gruß beglückt,
Das Schönste sucht er auf den Fluren,
Womit er seine Liebe schmückt...

O zarte Sehnsucht, süßes Hoffen,
Der ersten Liebe goldne Zeit,
Das Auge sieht den Himmel offen,
Es schwelgt das Herz in Seligkeit. –
O daß sie ewig grünen bliebe,
Die schöne Zeit der jungen Liebe!...

Lieblich in der Bräute Locken
Spielt der jungfräuliche Kranz,
Wenn die hellen Kirchenglocken
Laden zu des Festes Glanz...

51

Der Mann muß hinaus
Ins feindliche Leben,
Muß wirken und streben,
Und pflanzen und schaffen,
Erlisten, erraffen,
Muß wetten und wagen,
Das Glück zu erjagen...

Und Drinnen waltet
Die züchtige Hausfrau,
Die Mutter der Kinder,
Und herrschet weise
Im häuslichen Kreise,
Und lehret die Mädchen

Und wehret den Knaben,
Und reget ohn' Ende
Die fleißigen Hände,
Und mehrt den Gewinn
Mit ordnendem Sinn.
...

Aus der Wolke
Quillt der Segen,
Strömt der Regen,
Aus der Wolke, ohne Wahl,
Zuckt der Strahl.
Hört ihr's wimmern hoch vom Turm?
Das ist Sturm!...

Leergebrannt
Ist die Stätte,
Wilder Stürme rauhes Bette.
In den öden Fensterhöhlen
Wohnt das Grauen,
Und des Himmels Wolken schauen
Hoch hinein...

Von dem Dome,
Schwer und bang,
Tönt die Glocke
Grabgesang.
Ernst begleiten ihre Trauerschläge
Einen Wandrer auf dem letzten Wege.
Ach! die Gattin ist's, die teure,
Ach, es ist die treue Mutter,
Die der schwarze Fürst der Schatten
Wegführt aus dem Arm des Gatten,
Aus der zarten Kinder Schar,
Die sie blühend ihm gebar,
Die sie an der treuen Brust
Wachsen sah mit Mutterlust! —
Ach! des Hauses zarte Bande
Sind gelöst auf immerdar;
Denn sie wohnt im Schattenlande,
Die des Hauses Mutter war;
Denn es fehlt ihr treues Walten,
Ihre Sorge wacht nicht mehr;
An verwaister Stätte schalten
Wird die Fremde, liebeleer . . .

Munter fördert seine Schritte
Fern im wilden Forst der Wandrer
Nach der lieben Heimat Hütte.
Blökend ziehen heim die Schafe...

Holder Friede,
Süße Eintracht,
Weilet, weilet
Freundlich über dieser Stadt!
Möge nie der Tag erscheinen,
Wo des rauhen Krieges Horden
Dieses stille Tal durchtoben...

Gefährlich ist's, den Leu zu wecken,
Verderblich ist des Tigers Zahn;
Jedoch der schrecklichste der Schrecken,
Das ist der Mensch in seinem Wahn.
Weh denen, die dem Ewigblinden
Des Lichtes Himmelsfackeln leihn!
Sie strahlt ihm nicht, sie kann nur zünden
Und äschert Städt' und Länder ein...

Doch der Segen kommt von Oben!

Herein! herein!
Gesellen alle, schließt den Reihen,
daß wir die Glocke taufend weihen!
Concordia soll ihr Name sein ...

Jetzo mit der Kraft des Stranges
Wiegt die Glock' mir aus der Gruft,
Daß sie in das Reich des Klanges
Steige, in die Himmelsluft!
  Ziehet, ziehet, hebt!
  Sie bewegt sich, schwebt!
Freude dieser Stadt bedeute,
Friede sei ihr erst Geläute!

Friedrich Schiller

Für's Haus

Epiphanias

Marthens Fleiß

Der Winter ist ein rechter Mann

Kinderkarneval

Gastfrei zu sein, vergesset nicht!

Weine nur nicht, Helmchen!

Hausmusik

Zwei Engelchen unter dem Regenschirm

Frühlings Einzug

In der Straße

Guck in die weite Welt

Maireigen

Kinderkonzert

Vocal u. Instrumental
Concert

Schriftband desselben Blattes

Wanderschaft

Er liebt mich

Einsiedlers Abendlied

Brautzug

Verunglückte Landpartie

Märlein von Hänsel und Gretel

Märlein vom Rotkäppchen

Mittagsruhe im Korn

Ei, jagt mir doch die Spatzen fort!

Ei, jagt mir doch die Spatzen fort

Der Schnitter Tod

Am Rhein, am Rhein, da wachsen unsre Reben

UNTER REBEN · BLÜHT DAS LEBEN ·

Unter Reben blüht das Leben

Gefunden

Rübezahls Garten

Martinslied

Schlachtfest

Großvaters Leiden und Freuden
Gewundener Zweig mit Eichhörnchen

Hört ihr Herren laßt euch sagen.
Die Glocke hat X geschlagen.

Bürgerstunde
Vignette auf demselben Blatt

Hausmärchen

Durch die Felder sieht man fahren
eine wunderschöne Frau,
Spinnt von ihren langen Haaren
goldne Fäden auf der Au!

Eichendorff.

Herbstabend

93

Die vier Jahreszeiten als Kinder

Reineke der Fuchs

Reineke der Fuchs

Nobels Festtag

Reineke vor dem Hahn Hennig

Braun, der Bär, in der Klemme

Reinekes Abschied von seiner Frau

Reineke auf der Galgenleiter

Der begnadigte Reineke vor König Nobel

König Nobels Fest

Die Fabel von dem Esel und dem Hund

Reineke bei den Meerkatzen

Die Fabel von den Hunden

Isegrim auf dem Krankenlager

Alte und neue Studentenlieder

Titelblatt: Studenten mit dem Harfner beim Wein

Gaudeamus igitur

Am Rhein, am Rhein

Bekränzt mit Laub

Stoßt an, frei ist der Bursch

Pinzgauer Wallfahrt

Lasset die feurigen Bomben

Ça, ça, geschmauset

Noah

Lied eines abziehenden Burschen: Gruß dem Liebchen

Philister am Schreibtisch

Der Fürst von Thorn

Auf Brüder, laßt uns

Entschuldigung

Der Freiheit Schlachtruf

Im kühlen Keller

Weihelied (Initial A)

Die Welt gleicht der Bierbouteille

Der Prager Musikant: Gebet vor Nepomuk

Gestern, Brüder, könnt ihr's glauben?

Ständchen des Heimgekehrten

Bringt mir Blut der edlen Reben

Rheinweinlied

Das freie Wort

Der Wirtin Töchterlein

Jetzt schwingen wir den Hut

Bundeslied

Wanderschaft

Grad' aus dem Wirtshaus

Der König in Thule (Initial E)

Wenn einst der alte Knochenhauer

ZVM · GRVNEN · KRANZ

Bruderschaft

Nur fröhliche Leut

Hindurch (Initital H)

Illustrierte Jugendzeitung

Kopfleiste

Das Märchen

Der Schwanenritter

Elias füttert seine Geschwister

Der Schwanenritter im Schiff

Der Wolf und der Schiffer

128

„Es war einmal ein . . .

Das Zauberpferd (Es war einmal)

Sperling und Knabe

Hans Rotkehlchen, Mutter, Weißdörnchen und die Kuh

Weißdörnchen und das Rotkehlchen

Meerkühlein wird gemolken

Die Fettgans und der Pelikan

Der Immenwolf und der Bienenvater

Die Vorzüge der Gans

Der Knabe und der Schwarzspecht

133

Die Eule und die Singvögel

Die Elster und die Eule

Der Orang-Utan und der Mensch

Das Käuzchen

135

Der Knabe und die Schleiereule

Die Lemminge auf Reisen

Der Erlkönig

Der Kampf mit dem Drachen

Robinson der Jüngere

Robinson am Hafen

Robinson ohnmächtig auf den Klippen

Robinson schläft im Baum

Robinson liegt während des Gewitters vor seiner Höhle

Robinson richtet den Signalpfahl auf

Der genesende Robinson mit seinem Lama

Robinson sammelt vor der Höhle Brennholz

Robinson stößt auf die Reste der Menschenfressermahlzeit

Robinson schaut von der Strickleiter
nach den Wilden aus

Robinson sticht den Wilden nieder

Der Tanz der Menschenfresser

Robinson unterrichtet Freitag

Freitag macht Feuer

Robinson und Freitag beim Bereiten der Mahlzeit

Robinson und Freitag entladen das gestrandete Schiff

Robinson liest mit Freitag ein Schriftstück

153

Freitag trägt den ohnmächtigen Robinson an Land

Robinson und Freitag finden das kranke Lama

Freitag findet seinen Vater wieder

Freitag verabschiedet sich von seinem Vater

Robinsons Abschied von seiner Insel

Robinson zu Füßen seines Vaters

Das Märchenbuch für Kinder

Brüderchen und Schwesterchen

Aschenputtel

Die sechs Schwäne

Schneewittchen

Das tapfere Schneiderlein

Machandelboom

165

Alle Sieben von einem Hund überrannt

Der Rattenfänger streicht sich den Schnurrbart

Der Rattenfänger vor dem dicken Bürgermeister

Der Rattenfänger pfeift die Ratten herbei
Der Rattenfänger führt die Ratten ins Wasser

Der Rattenfänger schnupfend und niesend

Der Bürgermeister weist den Rattenfänger hinaus

Fünf Kinder mit Steckenpferd, Fahne, Puppen und Schnuller

Laufende Kinderscharen mit Flöten, Fahnen,
Trompete und Kuchen

169

Der Rattenfänger führt die Kinderscharen in den Berg

Der Bürgermeister hält sein Söhnchen zurück

Der Bürgermeister liegt im Schmutz mit dem ausgerissenen
Arm des Sohnes in der Hand

Der Bürgermeister wird von den Müttern verprügelt

Der Bürgermeister flieht

»Rachenputzer«, »Dreimännerwein«, »Wendewein«

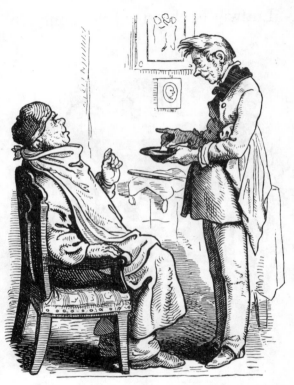

Der Barbier, vor einem wartenden Kunden schaumschlagend

Ludwig Bechsteins Märchenbuch

Johann Meckerling, Schneidermeister

Initital E unter dem Standbild des tapferen Schneiderleins

Die zwei Riesen schlagen sich tot,
das Schneiderlein auf dem Baum

Das Wildschwein vor der Kapelle, Flucht des Schneiderleins
Die vier schwarzen Männer fliehen vom Schlafzimmer des
Schneiderleins

Potz Veitli, luag

176

Der Schwab frißt das Leberlein aus dem Kessel

Der Meisterdieb kommt als Herr zu seinen Eltern

Der Meisterdieb als altes Weib zapft der Wachmannschaft
Branntwein

Die Wachmannschaft schlafend auf der Bank

Edelmann schaut aus dem Fenster

Schulmeister und Pfarrer

Handwerksmann lauscht vor dem Wirtshaus der Erzählung

Die Prinzessin umarmt den knienden Hans

Initial E (Wirtshausschild)

Betrunkene taumeln aus der Branntweinschenke

Prügelei der Betrunkenen

Der Schmied von Jüterbogk und Petrus vor der Schmiede

Der Tod auf dem Birnbaum
Petrus schaut aus dem Himmelsfenster

Ritter zu Pferd, den Falken bedrohend, hinter ihm die Braut

Weib mit dem Kochlöffel tanzt nach des Teufels Schalmeispiel

Hänsel und Gretel gehen mit den Eltern ins Holz

Hänsel und Gretel im Wald

Hänsel und Gretel vor dem Hexenhaus

Der Schwan und Gretel

Die Mutter schickt Rotkäppchen fort

185

Rotkäppchen im Wald

Rotkäppchen findet den Wolf im Bett der Großmutter

Der Schenk ermordet den Juden im Wald

Goldmarie füttert die Vögel

Pechmarie, bei der Heimkehr vom Hahn begrüßt

Prinzessin begrüßt Johannes und sein Rößlein Hirsedieb
im Schloßtor

Das Schloß der Prinzessin

Hans und Margarete, die Frau des Menschenfressers

Der Kaufmann und der Bär im Wald

Der Bär im Wagen, von der Braut gekrault

Der alte Zauberer vor der Kapelle am Weg

Brüderchen als Fuchs beißt dem Zauberer als Hahn den Kopf ab

Mann bittet den Tod zum Gevatter

Kranker König, Tochter und Arzt, der Tod am Bettende

Der Mann ohne Herz vor der Tür

Die junge Braut bekränzt die Tür

Vor dem Wirtshaus

Der Teufel als Junker faßt den Richter

Initial E (Der gewappnete Müller und sein Schild)

Hans im Glück, die Zipfelmütze schwingend

Hans, vom Pferd abgeworfen

Hans tauscht eine Gans für sein Schwein ein

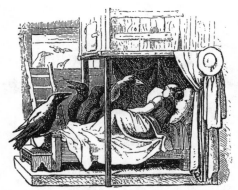

Die sieben Raben besuchen die schlafende Schwester

Das tote Kind mit dem Tränenkrüglein

Der tote Fuchs

Die drei Hochzeitsgäste

Das Mädchen will den Hasen aufheben

Der beherzte Flötenspieler

Der Hasenhüter und die verkleidete Prinzessin

Der Mann im Mond

Der kleine Däumling und seine Brüder kehren zu den Eltern
zurück

Der Däumling im Siebenmeilenstiefel

Der Menschenfresser packt den kleinen Däumling

Der Mann verkauft seinen zum Ochsen verzauberten Sohn

Mann und Frau im Essigkrug vor dem neuen Haus

206

Der alte Essigkrug mit dem Kneipenzeichen

Mutter zeigt den Kindern das kranke Kätzchen

Swinegel und seine Frau, in der Ferne der Hase

Der Wettlauf zwischen dem Hasen und dem Igel

Oda und die Schlange

Mann prügelt seine Frau mit der Fliegenklappe

Dickes Männlein dingt den Schreiner im Wald

Müller schenkt dem Jungen das »Eselein strecke dich«

Wirt an der Türritze

Der Gesell auf dem Esel, mit Tisch und Knüppel

Die drei Musikanten spielen zum Tanz auf

Zwerg zeigt dem Flötenbläser die schlafende Prinzessin

Schäfer bläst der Schäferin auf der Flöte vor

Nixe zieht den Jäger ins Wasser

Goldener

214

Spinnerin bei Mondschein im Walde

Zwei sich raufende Kahlköpfe

Wegweiser »Nach Schlaraffenland«

Weinbrunnen

Spanferkel, Wachteln und Kuchenberge

Der Mönch und das Vöglein

Die sieben Geißlein, die Mutter und der Wolf

Die Geiß und ihre Jungen tanzen um den Brunnen

Schneeweißchens Stiefmutter vor dem Spiegel

Die Stiefmutter als Krämerin vor Schneeweißchens Tür

Die Zwerglein finden Schneeweißchen erdrosselt

Die Stiefmutter und der giftige Wurm Neid

Der Königssohn hebt Schneeweißchen vom Sarglager

Dornröschens Mutter im Bad und der Frosch

Dornröschen bei dem Spinnweiblein

Der Prinz weckt Dornröschen aus dem Schlaf

Junger Ritter belauscht das Wünschelweibchen im Bad

225

Die sieben Schwanen als Kinder

Der sieben Schwanen Mutter in der Grube vor der Tochter

Der Schäfer befreit durch seinen Hund die Prinzessin vom
Drachen

Schwan, kleb an mit seiner Gefolgschaft

Initial I mit Rabe

Die Einsiedelei, Pilger bringen Geschenke

Aschenbrödel füttert die Tauben

Die verstoßene Frau mit dem Knäblein im Walde

Die Stiefmutter tötet den Sohn mit dem Deckel der Apfelkiste

Marlenchen hat dem toten Bruder den Kopf abgeschlagen

Frau, einen Apfel schälend

Der König zu Pferd und das schwarze Männlein

Die wandernde Königstochter vor dem Mond im Lehnsessel

Bruder Sparer und Bruder Vertuer

Rupert, der Bärenhäuter, erlegt den Bären

Der Eseltreiber nimmt Abschied von der Mühle

Hänschen wirft den Küster die Turmtreppe hinab

Ein Mann weist Hänschen zum Galgen hin

Hänschen fährt mit dem Bett spazieren

Hänschen weist dem König die Schatztruhen

Hänschens Frau lehrt ihn das Gruseln

Knecht Ruprecht

Der Engel erscheint den Hirten

Knecht Ruprechts Ankunft

Knecht Ruprecht, Kind und Hündchen

Knecht Ruprecht verläßt die Stube

Mutter mit vier Kindern und Regenbogen

Papa Gei kauft Brezeln

Papa Gei füttert die Vögel

Die Geschichte vom grünen Hute

Mariechen fängt am Fenster Fliegen

Die Mutter kommt mit einem Bündel heim

Hutprobe

Der grüne Hut mit den Bindebändern

Mariechen pflückt einen Wiesenstrauß

Die Ziegen zerzausen den Hut

Vater, Mutter und Gesinde stürzen herzu

Mariechen wird von der Mutter bestraft

Beendigung des Kampfes der Ziegen

Gold'n Äpfel (Vier Kinder gehen durch das Korn)

Anzeigenbeilage »Der Christmarkt«.
Kopfleiste, rechts und links eine Bude

Der Stall zu Bethlehem

Huldigung der Könige

247

Titelblatt

Der Schlossergesell

Der Abschied eines Handwerksburschen

249

Drohung (Initital D)

An den Mond

Das Lied von den zwei Hasen

Matrosenlied

Der lustige Bruder

Es ist nichts mit den alten Weibern

Urians Reise um die Welt

Lauterbach: Paar, zum Dudelsack tanzend

Einkehr

Die Hussiten vor Naumburg

Der Tannenbaum

Mariandel